Unser

Maunz

ein neugieriger Kater

erzählt von
Ursula Drefke-Falkenstein

Grafik von
Andrea Frick-Schmidt

Fotografien von
Werner Drefke

Ernst Klett Grundschulverlag
Leipzig Stuttgart Düsseldorf

Lese-Reihe für die Grundschule
herausgegeben von Horst Bartnitzky

Unser Maunz – ein neugieriger Kater
für das 1. und 2. Lesejahr

1. Auflage   1 5 4 3 2 1 | 2000 99 98 97 96

Dieses Werk fogt der reformierten Rechtschreibung
und Zeichensetzung.
Alle Drucke dieser Auflage können im Unterricht nebeneinander
benutzt werden, sie sind untereinander unverändert.
Die letzte Zahl bezeichnet das Jahr dieses Druckes.
© Ernst Klett Grundschulverlag GmbH, Leipzig 1996.
Alle Rechte vorbehalten.

Druck: Stuttgarter Druckerei GmbH, Stuttgart
ISBN 3-12-230460-0

Inhalt

Maunz	4
Maunz erobert die Wohnung	6
Das „Katzen-Klo"	7
Ein Tag von Maunz	8
Maunz springt in den Teich	12
Beim Tierarzt	14
Speiseplan für Katzen	16
Maunz und die Zwiebeln	18
Maunz und Abraxas	21
Maunz fliegt	24
Maunz im Auto	26
Geisterstunde	28
Was die Katze braucht	29
Katzensprache	30
Tipps und Anregungen	31

Maunz

Maunz ist ein Kater.

Maunz ist uns zugelaufen.
Jemand hatte ihn ausgesetzt.
Da hat sich Maunz
ein neues Zuhause gesucht.
Und da nahm er uns.
Nun also gehört Maunz
zu unserer Familie.

Maunz ist für uns
ein besonderer Kater.
Er ist besonders lieb
und besonders verspielt.
Er lässt sich besonders
viel gefallen.
Er ist besonders verfressen.
Und er ist ganz besonders
neugierig.

Maunz
erobert die Wohnung

Maunz will alles ausprobieren.
Er springt auf den Schaukelstuhl.
Er schaukelt hin und her.
Da kann er toll spielen.
Alles, was sich bewegt,
will er fangen.
Er beißt in die glänzende Armlehne.

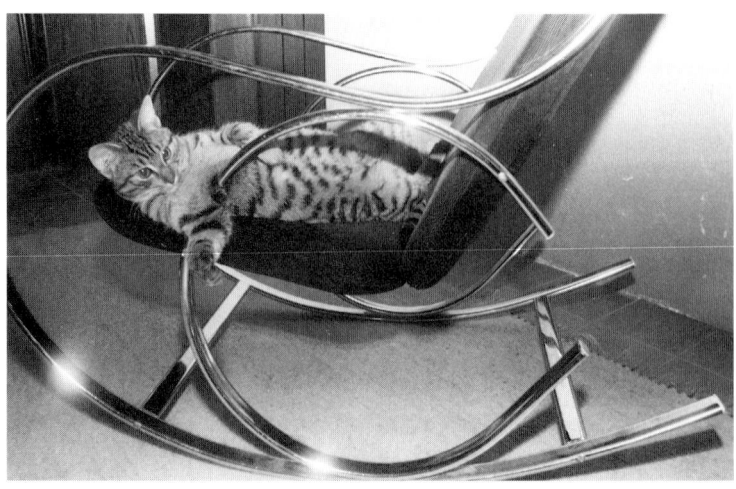

Das „Katzen-Klo"

Das „Katzen-Klo" von Maunz
ist draußen.

Wenn er dorthin will,
geht er zur Tür und maunzt.

Er maunzt so lange,
bis ihn jemand raus lässt.

Draußen sucht er sich
einen Platz mit Sand
und weicher Erde.
Den findet er in unserem Garten.

Dort macht er hin.
Danach scharrt er
mit Sand oder Erde
seinen Haufen zu.

Ein Tag von Maunz

Maunz hört,
wenn wir
in die Küche kommen.

Er streicht jedem um die Beine.

Dann setzt er sich
vor den Kühlschrank.
Er starrt ihn an.

Maunz hat Hunger.
Er schleckt drei Esslöffel
Katzenfutter auf
und schlabbert frische Milch.

Maunz ist satt
und gut gelaunt.
Er will spielen.

Während wir frühstücken,
jagt er nach einer Krawatte,
die vom Stuhl herunterhängt.
Er kugelt über eine Zeitung,
die am Boden liegt.
Er kratzt an einer Kokosmatte.
Dann putzt er sich.

Nach unserem Frühstück
rollt er sich im Sessel zusammen
und döst.

 Ich komme
von der Arbeit
nach Hause.

Maunz liegt noch immer
auf dem Sessel.

Jetzt streckt er sich.
Er macht einen Katzenbuckel
und will sein Mittagessen.

 Maunz läuft zur Tür
und wartet.
Er will ins Freie.

 Maunz kommt zurück.
Er hat wieder Hunger
und geht in die Küche.

Nach dem Essen döst er wieder.

 Jetzt ist es ruhig
im Haus.
Ich sitze am Schreibtisch.

Maunz kommt
und springt auf den Tisch.
Er will schmusen.

 Maunz will nach draußen.
Was er wohl macht
jede Nacht?

Maunz
springt in den Teich

Maunz läuft zum Gartenteich.
Gespannt sitzt er am Ufer.
Er beobachtet einen Goldfisch.
Er will den Goldfisch fangen.

Er soll aber nicht
nach Fischen angeln.
Ich ziehe einen Schuh aus
und werfe ihn hinter Maunz.

Maunz erschrickt.
Er macht einen Satz nach vorn,
mitten in den Teich.
Maunz kann schwimmen.
aber es macht ihm keinen Spaß.

Von nun an macht er immer
einen Bogen um den Teich.

Beim Tierarzt

Maunz hat Schmerzen.
Aus seinem Mäulchen
tropft Speichel.
Armer Maunz!

Wir schauen in sein Maul.
Hat Maunz vielleicht
Zahnschmerzen?
Wir entdecken in seinem Maul
oben rechts doppelte Eckzähne.

Was mag Maunz nur haben?

Ich gehe mit Maunz zum Tierarzt.
Der Tierarzt stellt fest:
Die doppelten Eckzähne
sind gesund.

Aber Maunz hat einen Schlitz
in der Zunge.
Er hatte mit einem anderen Kater
gerauft.
Der andere Kater
hat Maunz in die Zunge gekrallt.

„Das ist nicht schlimm",
sagt der Tierarzt.
„Den Schlitz in der Zunge
kann ich nicht nähen
und nicht verbinden.
Der heilt auch schnell von alleine."

Speiseplan für Katzen

Katzen jagen
Mäuse,
Vögel,
Grashüpfer,
Schmetterlinge,
Spinnen.

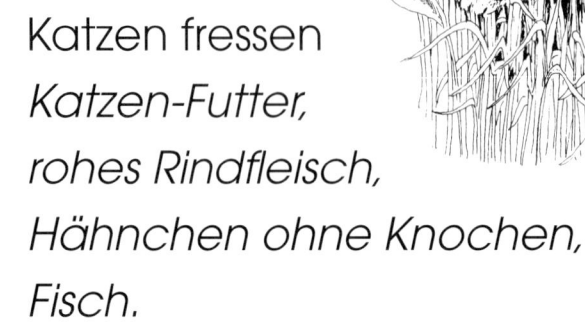

Katzen fressen
Katzen-Futter,
rohes Rindfleisch,
Hähnchen ohne Knochen,
Fisch.

Gefährlich für Katzen
ist rohes Schweinefleisch.
Es macht die Katze krank.

Gefährlich für Katzen
sind Hähnchenknochen.
Sie splittern
und bleiben im Hals stecken.

Maunz bekommt
nicht nur Dosenfutter.
Er liebt die Abwechslung.
Besonders gern mag er
Hähnchenfleisch,
Rinderleber
und Rinderherz.

Maunz
und die Zwiebeln

Maunz hat immer Hunger.
Wenn ich
das Fleischmesser wetze,
damit es wieder scharf wird,
dann hört Maunz das sofort.

Er kommt von weit her.
Er mag nämlich rohes Rindfleisch.
Heute gibt es Gulasch.
Da fällt viel für Maunz ab.

Ich werfe einen Happen.
Noch im Flug
schnappt er sich den Happen,
dann noch einen und wieder einen.

Nun werden Zwiebeln
geschnitten.
Ein Stückchen fällt herunter.
Noch im Flug
schnappt Maunz zu.

Aber dann niest er
und hustet
und prustet
und schnieft.

Ja, und er weint.
Richtig dicke Tränen
kann ich sehen.

Maunz
und Abraxas

Einmal findet Maunz eine Krähe.
Sie kann nicht mehr fliegen.

Sie ist verletzt.
Maunz will die Krähe haben.
Aber sie wehrt sich
mit dem Schnabel.
Und sie kräht ganz laut.
Das hören wir.
Wir laufen hin
und retten die Krähe.

Wir nehmen sie mit ins Haus
und pflegen sie gesund.

Wir nennen sie Abraxas.
Abraxas also
lebt im gleichen Haus
wie Maunz.

Abraxas ist gerne bei uns.
Wir staunen,
wieviel er fressen kann.
Besonders gern
mag er Katzenfutter.

Maunz aber
kann ihn gar nicht leiden.

Maunz
fliegt

Abraxas übt fliegen.
Maunz schaut zu.
Er will wohl auch fliegen.
Maunz hüpft immer weiter hoch.
Dann streckt er seinen Körper,
er springt,
will hoch,
er fliegt…

… aber Maunz kann nur
nach unten fliegen.

Inzwischen hat Abraxas
fliegen gelernt.
Wir machen das Fenster auf
und Abraxas fliegt fort.
Mach es gut, Abraxas.
Maunz sieht noch lange
zum Fenster hinaus.
Ob er sich wundert,
warum Abraxas
nicht wiederkommt?

Maunz
im Auto

Wir wollen unser Auto verkaufen.
Wir putzen es von außen,
wir putzen es von innen.
Jetzt riecht es aber im Auto
nach Reinigungsmittel.

Wir lassen alle Türen offen,
damit das Auto auslüften kann.
Wir essen zu Abend.
Nach dem Abendessen
machen wir die Autotüren zu
und gehen schlafen.

Am nächsten Morgen sind
alle Fenster im Auto verschmiert.
Wer war das?

Maunz war es.
Er hatte sich am Abend
ins Auto geschlichen.
Und wir haben ihn eingesperrt.
Wir öffnen nun die Autotür.
Da zischt Maunz wie eine Rakete
aus dem Auto heraus.

Er weiß, warum.
Er hat in das Auto gemacht.
Das stinkt!

So will keiner unser Auto kaufen.

Geisterstunde

Es ist Nacht, alles ist still.
Da wache ich auf.
Da ist doch was!
Da ist was im Wohnzimmer.
Ein Geräusch.
Wie von einem Geist.
Und jetzt spielt jemand Klavier.
Das sind ja schreckliche Töne.
Nun sind wir alle wach.
Wir schleichen ins Wohnzimmer.
Da erkennen wir Maunz
auf dem Klavier.
Er ist also der Geist.
„Maunz,
hör auf mit dem Konzert!
Jetzt aber raus!"

Was die Katze braucht

Katzen machen wenig Arbeit.
Sie brauchen nur wenige Dinge,
aber die brauchen sie unbedingt:

- regelmäßige Impfungen
  und Entwurmung beim Tierarzt
- ein warmes Schlaf-Kissen,
  am besten in einem Körbchen
- Katzen-Spielzeug: zum Beispiel
  Wollknäuel, Bällchen oder Korken
- einen Kratzbaum zur Krallenpflege,
  sonst zerkratzt die Katze die Möbel
- eine Plastik-Kiste und Katzenstreu
  als Katzen-Klo, sonst macht sie
  in die Blumentöpfe.

Katzensprache

Katzen lassen sich nicht „abrichten"
wie Hunde.
Sie lieben ihre Freiheit,
Wärme und Ruhe.
Sie „sagen" dir, was sie wollen.

Katzensprache	„Übersetzung"
Kopf reiben	Ich mag dich
Schwanz schlagen	Das regt mich auf!
Platz wechseln, wegschauen	Ich mag jetzt meine Ruhe haben.
Ohren anlegen	Ich werde böse!
Fauchen	Gleich kratz' ich dich!

Tipps und Anregungen

① **Fragen über Katzen**

Alle Antworten findest du in diesem Buch. Schreibe immer dazu, auf welcher Seite die Antwort steht.
- Wo ist das Katzen-Klo von Maunz?
- Was fressen Katzen gern?
- Was dürfen Katzen nicht fressen?
- Was sagt dir eine Katze, wenn sie den Platz wechselt und dich dabei nicht ansieht?
- Wozu brauchen Katzen einen Kratzbaum?
- Was macht Maunz den Tag über am meisten?

② **Eine Katze beobachten**

Was macht die Katze,
– wenn du freundlich mit ihr redest?
– wenn du ihr ein Wollknäuel oder einen Korken hinwirfst?
– wenn du sie sanft streicheln willst?
Schreibe deine Beobachtungen auf.

③ **Bücher über Katzen**

Frag im Bücherladen oder in einer Bücherei. Wie viele Bücher gibt es dort über Katzen? Findest du ein Buch, das dich interessiert?

Lesefutter für Grundschul-Kinder

Weitere Titel der Lese-Reihe in Taschenbuch-Ausstattung für das 1. und 2. Lesejahr

Pit, der Rabe
Geschichten und Gedichte
über den Raben Pit   230312

Der kleine Elefant
Zwei Geschichten
über Tierkinder   230332

Allerlei Lesespaß
Lustige Texte zur
gezielten Leseförderung   230342

Ein Tag mit Timi
Geschichten über
Tim, Sonja, Kemal
und andere   230352

Geschichten über Julia
Geschichten darüber,
was Julia mag,
worüber sie sich ärgert,
wovon sie träumt   230362

Von A bis Z – wer kennt das ganze Alphabet
Fingersprachzeichen,
Verse, Zungenbrecher,
Mini-Geschichten zu
jedem Buchstaben
des Alphabets   230372

Wer spielt den Zauberer?
Dialoge zum Lesen
und Spielen mit
verteilten Rollen   230392

Es war einmal
Vier Märchen in einer
einfachen Erzählweise   230402

Ein Besen für die Großmutter
Eine Kaspergeschichte
für das erste Lesealter   230412

Vom Igel, der nicht schlafen wollte
Von einem Igelkind,
das seine Mutter
verloren hatte   230422

Kunterbunte Geschichten
Niko, der kleine
Dinosaurier, und
andere lustige Texte
zur Leseförderung   230430

Tim muß ins Krankenhaus
Was Tim auf der
Kinder-Station erlebt   230440

Der Clown Pipolino
Lustige Erlebnisse
eines Zirkusclowns   23045